人间词话

王国维 著

竹和松出版社

出版：竹和松出版社（Zhu & Song Press）

Zhu & Song Press, LLC

North Potomac, Maryland 20878

责任编辑：朱晓红

责编信箱：editor@zhuandsongpress.com

封面设计：竹和松传媒

出版社网址：www.zhuandsongpress.com

印刷地：美国，英国

发行：全球（中国大陆除外）

ISBN-13: 978-1-950407-20-0

ISBN-10: 1-950407-20-9

《人间词话》和作者简介

　　《人间词话》是著名国学大师王国维所著的一部文学批评著作。接受了西洋美学思想之洗礼后，以崭新的眼光对中国旧文学所作的评论。表面上看，《人间词话》与中国相袭已久之诗话，词话一类作品之体例，格式，并无显著的差别，实际上，它已初具理论体系，在旧日诗词论著中，称得上一部屈指可数的作品。甚至在以往词论界里，许多人把它奉为圭臬，把它的论点作为词学，美学的根据，影响很是深远。王国维的《人间词话》是晚清以来最有影响的著作之一。

王国维简介

　　王国维 1877 年 12 月 3 日出生。二十二岁起，他至上海《时务报》馆充书记校对。利用公余，他到罗振玉办的"东文学社"研习外交与西方近代科学，结识主持人罗振玉，并在罗振玉资助下于 1901 年赴日本留学。1906 年随罗振玉入京，任清政府学部总务司行走、图书馆编译、名词馆协韵等。其间，著有《人间词话》等。1911 年辛亥革命后，王国维携生平著述 3 种。眷随儿女亲家罗振玉逃居日本京都，从此以前清遗民处世。1922 年受聘北京大学国学门通讯导师。1927 年 6 月，王国维留下"经此世变，义无再辱"的遗书，投颐和园昆明湖自尽。在其 50 岁人生学术鼎盛之际为国学史留下了最具悲剧色彩的"谜案"。

王国维世代清寒，幼年为中秀才苦读。早年屡应乡试不中，遂于戊戌风气变化之际弃绝科举。二十二岁起，他至上海《时务报》馆充书记校对。利用公余，他到罗振玉办的"东文学社"研习外交与西方近代科学，结识主持人罗振玉，并在罗振玉资助下于 1901 年赴日本留学。

1902 年王国维因病从日本归国。后又在罗振玉推荐下执教于南通、江苏师范学校，讲授哲学、心理学、伦理学等，复埋头文学研究，开始其"独学"阶段。1906 年随罗振玉入京，任清政府学部总务司行走、图书馆编译、名词馆协韵等。其间，著有《人间词话》等名著。

目录

第一部分

[一] 词以境界为最上。有境界，则自成高格，自有名句。五代、北宋之词所以独绝者在此。

[二] 有造境，有写境，此"理想"与"写实"二派之所由分。然二者颇难分别，因大诗人所造之境必合乎自然，所写之境亦必邻于理想故也。

[三] 有有我之境，有无我之境。"泪眼问花花不语，乱红飞过秋千去①"，"可堪孤馆闭春寒，杜鹃声里斜阳暮②"，有我之境也。"采菊东篱下，悠然见南山③"，"寒波澹澹起，白鸟悠悠下④"，无我之境也。有我之境，以我观物，故物皆著我之色彩。无我之境，以物观物，故不知何者为我，何者为物。古人为词，写有我之境者为多。然未始不能写无我之境，此在豪杰之士能自树立耳。

注释：
①欧阳修【蝶恋花】："庭院深深深几许？杨柳堆

烟，帘幕无重数。玉勒雕鞍游冶处，楼高不见章台路。雨横风狂三月暮，门掩黄昏，无计留春住。泪眼问花花不语，乱红飞过秋千去。"

②秦观【踏沙行】："雾失楼台，月迷津度，桃源望断无寻处。可堪孤馆闭春寒，杜鹃声里斜阳暮。驿寄梅花，鱼传尺素，砌成此恨无重数。郴江幸自郴山，为谁流下潇湘去！"

③陶潜【饮酒诗】第五首："结庐在人境，而无车马喧。问君何能尔，心远地自偏。采菊东篱下，悠然见南山。山气日夕佳，飞鸟相与还。此中有真意，欲辨已忘言。"

④元好问【颍亭留别】："故人重分携，临流驻归驾。乾坤展清眺，万景若相借。北风三日雪，太素秉元化。九山郁峥嵘，了不受陵跨。寒波澹澹起，白鸟悠悠下。怀归人自急，物态本闲暇。壶觞负吟啸，尘土足悲咤。回首亭中人，平林淡如画。"

[四] 无我之境，人惟于静中得之。有我之境，于由动之静时得之。故一优美，一宏壮也。

[五] 自然中之物，互相关系，互相限制。然其写

之于文学及美术中也，必遗其关系限制之处。故写实家亦理想家也。又虽如何虚构之境，其材料必求之于自然，而其构造亦必从自然之法律。故理想家亦写实家也。

［六］境非独谓景物也，喜怒哀乐亦人心中之一境界。故能写真景物真感情者，谓之有境界。否则谓之无境界。

［七］"红杏枝头春意闹①"，着一"闹"字而境界全出；"云破月来花弄影②"，着一"弄"字而境界全出矣。

注释：

①宋祁【玉楼春】（春景）："东城渐觉风光好，縠皱波纹迎客棹。绿扬烟外晓寒轻，红杏枝头春意闹。浮生长恨欢娱少，肯爱千金轻一笑。为君持酒劝斜阳，且向花间留晚照。"

②张先【天仙子】（时为嘉禾小倅，以病眠，不赴府会）："水调数声持酒听，午醉醒来愁未醒。送春春去几时回？临晚镜，伤流景，往事后期空记

省。沙上并禽池上暝，云破月来花弄影。重重帘幕密遮灯，风不定，人初静，明日落红应满径。"

［八］境界有大小，不以是而分优劣。"细雨鱼儿出，微风燕子斜①"，何遽不若"落日照大旗，马鸣风萧萧②"？"宝帘闲挂小银钩③"，何遽不若"雾失楼台，月迷津渡④"也。

注释：

①杜甫【水槛遣心二首】之一："去郭轩楹敞，无村眺望赊。澄江平少岸，幽树晚多花。细雨鱼儿出，微风燕子斜。城中十万户，此地两三家。"
②杜甫【后出塞五首】之一："朝进东门营，暮上河阳桥。落日照大旗，马鸣风萧萧。平沙列万幕，部伍各见招。中天悬明月，令严夜寂寥。悲笳数声动，壮士惨不骄。借问大将谁，恐是霍嫖姚。"
③秦观【浣溪沙】："漠漠轻寒上小楼，晓阴无赖似穷秋，淡烟流水画屏幽。自在飞花轻似梦，无边丝雨细如愁，宝帘闲挂小银钩。"
④秦观【踏沙行】见三注。

［九］严沧浪《诗话》谓："盛唐诸公唯在兴趣，羚羊挂角，无迹可求。故其妙处，透澈玲珑，不可凑拍，如空中之音，相中之色，水中之影，镜中之象，言有尽而意无穷。"余谓北宋以前之词亦复如是。然沧浪所谓"兴趣"，阮亭所谓"神韵"，犹不过道其面目，不若鄙人拈出"境界"二字为探其本也。

［十］太白纯以气象胜。"西风残照，汉家陵阙①"，寥寥八字，遂关千古登临之口。后世唯范文正之《渔家傲》②、夏英公之《喜迁莺》③，差足继武，然气象已不逮矣。

注释：

①李白【忆秦娥】："箫声咽，秦娥梦断秦楼月。秦楼月，年年柳色，灞陵伤别。乐游原上清秋节，咸阳古道音尘绝。音尘绝，西风残照，汉家陵阙。"

②范仲淹【渔家傲】（秋思）："塞下秋来风景异，衡阳雁去无留意。四面边声连角起。千嶂里，长烟落日孤城闭。浊酒一杯家万里，燕然未勒归无

计。羌管悠悠霜满地。人不寐，将军白发征夫
泪。"

③夏竦【喜迁莺令】："霞散绮，月垂钩。帘卷未
央楼。夜凉银汉截天流，宫阙锁清秋。瑶台树，金
茎露。凤髓香盘烟雾。三千珠翠拥宸游，水殿按凉
州。"

［十一］张皋文谓飞卿之词"深美闳约①"，余谓
此四字唯冯正中足以当之。刘融斋谓"飞卿精艳绝
人②"，差近之耳。

注释：

①张惠言《词选序》："唐之词人，温庭筠最高，
其言深美闳约。"

②刘熙载《艺概》卷四《词曲概》："温飞卿词精
妙绝人，然类不出乎绮怨。"

［十二］"画屏金鹧鸪①"，飞卿语也，其词品似
之。"弦上黄莺语②"，端己语也，其词品亦似
之。正中词品，若欲于其词句中求之，则"和泪试
严妆③"，殆近之欤。

注释：

①温庭筠【更漏子】："柳丝长，春雨细。花外漏声迢递。惊塞雁，起城乌。画屏金鹧鸪。香雾薄，透帘幕。惆怅谢家池阁。红烛背，绣帘垂。梦长君不知。"

②韦庄【菩萨蛮】："红楼别夜堪惆怅，香灯半卷流苏帐。残月出门时，美人和泪辞。琵琶金翠羽，弦上黄莺语。劝我早归家，绿窗人似花。"

③冯延巳【菩萨蛮】："娇鬟堆枕钗横凤，溶溶春水杨花梦。红烛泪阑干，翠屏烟浪寒。锦壶催画箭，玉佩天涯远。和泪试严妆，落梅飞晓霜。"

［十三］南唐中主词"菡萏香销翠叶残，西风愁起绿波间①"，大有众芳芜秽，美人迟暮之感。乃古今独赏其"细雨梦回鸡塞远，小楼吹彻玉生寒"，故知解人正不易得。

注释：

①李璟【浣溪沙】："菡萏香销翠叶残，西风愁起绿波间。还与韶光共憔悴，不堪看。细雨梦回鸡塞

远，小楼吹彻玉笙寒。多少泪珠何限恨，倚阑
干。"

［十四］温飞卿之词，句秀也；韦端己之词，骨秀
也；李重光之词，神秀也。

［十五］词至李后主而眼界始大，感慨遂深，遂变
伶工之词而为士大夫之词。周介存置诸温、韦之下
①，可谓颠倒黑白矣。"自是人生长恨水长东
②"，"流水落花春去也，天上人间③"，《金
荃》、《浣花》能有此气象耶！

注释：
①周济《介存斋论词杂著》："毛嫱，西施，天下
美妇人也。严妆佳，淡妆亦佳，粗服乱头，不掩国
色。飞卿，严妆也。端己，淡妆也。后主则粗服乱
头矣。"
②后主【相见欢】："林花谢了春红，太匆匆，无
奈朝来寒雨晚来风。胭脂泪，留人醉，几时重？自
是人生长恨水长东！"
③后主【浪淘沙】："帘外雨潺潺，春意阑珊。罗

衾不耐五更寒。梦里不知身是客，一晌贪欢。独自莫凭栏，无限江山，别时容易见时难。流水落花春去也，天上人间。"

[十六] 词人者，不失其赤子之心者也。故生于深宫之中，长于妇人之手，是后主为人君所短处，亦即为词人所长处。

[十七] 客观之诗人不可不多阅世，阅世愈深则材料愈丰富、愈变化，《水浒传》、《红楼梦》之作者是也。主观之诗人不必多阅世，阅世愈浅则性情愈真，李后主是也。

[十八] 尼采谓一切文学余爱以血书者。后主之词，真所谓以血书者也。宋道君皇帝《燕山亭》词①亦略似之。然道君不过自道身世之戚，后主则俨有释迦、基督担荷人类罪恶之意，其大小固不同矣。

注释：
①宋徽宗【燕山亭】（北行见杏花）："裁翦冰

绡，轻叠数重，淡著燕脂匀注。新样靓妆，艳溢香融，羞杀蕊珠宫女。易得凋零，更多少无情风雨。愁苦。闲院落凄凉，几番春暮。凭寄离恨重重，这双燕何曾，会人言语。天遥地远，万水千山，知他故宫何处？怎不思量？除梦里有时曾去。无据。和梦也、新来不做。"

[十九] 冯正中词虽不失五代风格，而堂庑特大，开北宋一代风气。与中、后二主词皆在《花间》范围之外，宜《花间集》中不登其只字也①。

注释：

①龙沐勋《唐宋名家词选》："案《花间集》多西蜀词人，不采二主及正中词，当由道里隔绝，又年岁不相及有以致然。非因流派不同，遂尔遗置也。王说非是。"

[二十] 正中词除《鹊踏枝》、《菩萨蛮》十数阕最煊赫外，如《醉花间》之"高树鹊衔巢，斜月明寒草①"，余谓韦苏州之"流萤渡高阁②"，孟襄阳之"疏雨滴梧桐③"不能过也。

注释：

①冯延巳【醉花间】："晴雪小园春未到。池边梅自早。高树鹊衔巢，斜月明寒草。山川风景好。自古金陵道。少年看却老。相逢莫厌醉金杯，别离多，欢会少。"

②韦应物【寺居独夜寄崔主簿】："幽人寂无寐，木叶纷纷落。寒雨暗深更，流萤渡高阁。坐使青灯晓，还伤夏衣薄。宁知岁方晏，离居更萧索。"

③《全唐诗》卷六：孟浩然句，"微云淡河汉，疏雨滴梧桐。"唐王士源《孟浩然集》序云："浩然尝闲游秘省，秋月新霁，诸英华赋诗作会。浩然句云「微云淡河汉，疏雨滴梧桐。」举座嗟其清绝，咸阁笔不复为继。"

[二一] 欧九《浣溪沙》词"绿杨楼外出秋千①"，晁补之谓只一"出"字，便后人所不能道。余谓此本于正中《上行杯》词"柳外秋千出画墙②"，但欧语尤工耳。

注释：

①欧阳修【浣溪沙】："堤上游人逐画船，拍堤春水四垂天。绿杨楼外出秋千。白发戴花君莫笑，六幺催拍盏频传。人生何处似尊前。"

②冯延巳【上行杯】："落梅著雨消残粉，云重烟轻寒食近。罗幕遮香，柳外秋千出画墙。春山颠倒钗横凤，飞絮入帘春睡重。梦里佳期，只许庭花与月知。"

［二二］梅圣俞《苏幕遮》词："落尽梨花春事了，满地斜阳，翠色和烟老。①"刘融斋谓少游一生似专学此种②。余谓冯正中《玉楼春》词："芳菲次第长相续，自是情多无处足，尊前百计得春归，莫为伤春眉黛促。③"永叔一生似专学此种。

注释：

①梅尧臣【苏幕遮】（草）："露堤平，烟墅杳。乱碧萋萋，雨后江天晓。独有庚郎年最少。窣地春袍，嫩色宜相照。接长亭，迷远道。堪怨王孙，不记归期早。落尽梨花春又了。满地残阳，翠色和烟老。"

②刘熙载《艺概》卷四《词曲概》引此词云："此

一种似为少游开先。"

③冯延巳【玉楼春】："雪云乍变春云簇，渐觉年华堪送目。北枝梅蕊犯寒开，南蒲波纹如酒绿。芳菲次第还相续，不奈情多无处足。尊前百计得春归，莫为伤春眉黛促。"

[二三] 人知和靖《点绛唇》①、圣俞《苏幕遮》②、永叔《少年游》③三阕为咏春草绝调，不知先有正中"细雨湿流光④"五字，皆能摄春草之魂者也。

注释：

①林逋【点绛唇】（草）："金谷年年，乱生春色谁为主。余花落处，满地和烟雨。又是离愁，一阕长亭暮。王孙去。萋萋无数，南北东西路。"

②梅尧臣【苏幕遮】见二二注。

③欧阳修【少年游】："阑干十二独凭春，晴碧远连云。千里万里，二月三月，行色苦愁人。谢家池上，江淹浦畔，吟魄与离魂。那堪疏雨滴黄昏，更特地忆王孙。"

④冯延巳【南乡子】："细雨湿流光，芳草年年与

恨长。烟锁凤楼无限事，茫茫。鸾镜鸳衾两断肠。魂梦任悠扬，睡起杨花满绣床。薄幸不来门半掩，斜阳。负你残春泪几行。"

［二四］《诗·蒹葭》①一篇最得风人深致。晏同叔之"昨夜西风凋碧树，独上高楼，望尽天涯路②"，意颇近之。但一洒落，一悲壮耳。

注释：

①《诗经·蒹葭》："蒹葭苍苍，白露为霜。所谓伊人，在水一方。溯洄从之，道阻且长。溯游从之，宛在水中央。蒹葭凄凄，白露未晞。所谓伊人，在水之湄。溯洄从之，道阻且跻。溯游从之，宛在水中坻。蒹葭采采，白露未已。所谓伊人，在水之涘，溯洄从之，道阻且右。溯游从之，宛在水中沚。"

②晏殊【蝶恋花】："槛菊愁烟兰泣露。罗幕轻寒，燕子双飞去。明月不谙别离苦，斜光到晓穿朱户。昨夜西风凋碧树。独上高楼，望尽天涯路。欲寄彩笺兼尺素，山长水阔知何处。"

［二五］"我瞻四方，蹙蹙靡所骋①"，诗人之忧生也。"昨夜西风凋碧树，独上高楼，望尽天涯路②"似之。"终日驰车走，不见所问津③"，诗人之忧世也。"百草千花寒食路，香车系在谁家树④"似之。

注释：

①《诗经·小雅·节南山》："驾彼四牡，四牡项领。我瞻四方，蹙蹙靡所骋。"

②晏殊【蝶恋花】见二四注。

③陶潜【饮酒】第二十首："羲农去我久，举世少复真。汲汲鲁中叟，弥缝使其纯。凤鸟虽不至，礼乐暂得新。洙泗绝微响，漂流逮狂秦。诗书复何罪，一朝成灰尘。区区诸老翁，为事诚殷勤。如何绝世下，六籍无一亲？终日驰车走，不见所问津。若复不快饮，空负头上巾。但恨多谬误，君当恕罪人。"

④冯延巳【鹊踏枝】："几日行云何处去，忘却归来，不道春将暮！百草千花寒食路，香车系在谁家树？泪眼倚楼频独语：双燕来时，陌上相逢否？撩乱春愁如柳絮，悠悠梦里无寻处。"

［二六］古今之成大事业、大学问者，必经过三种之境界。"昨夜西风凋碧树，独上高楼，望尽天涯路①"，此第一境也。"衣带渐宽终不悔，为伊消得人憔悴②"，此第二境也。"众里寻他千百度，回头蓦见，那人正在灯火阑珊处③"，此第三境也。此等语皆非大词人不能道。然遽以此意解释诸词，恐晏、欧诸公所不许也。

注释：

①晏殊【蝶恋花】见二四注。

②柳永【凤栖梧】："伫倚危楼风细细。望极春愁，黯黯生天际。草色烟光残照里。无言谁会凭栏意。拟把疏狂图一醉，对酒当歌，强乐无味。衣带渐宽终不悔，为伊消得人憔悴。"

③辛弃疾【青玉案】（元夕）："东风夜放花千树。更吹落、星如雨。宝马雕车香满路，凤箫声动，玉壶光转，一夜鱼龙舞。蛾儿雪柳黄金缕。笑语盈盈暗香去。众里寻它千百度。蓦然回首，那人却在，灯火阑珊处。"

［二七］永叔"人间自是有情痴，此恨不关风与月"，"直须看尽洛城花，始与东风容易别①"，于豪放之中有沉著之致，所以尤高。

注释：

（1）　欧阳修【玉楼春】："尊前拟把归期说，未语春容先惨咽。人生自是有情痴，此恨不关风与月。离歌且莫翻新阕，一曲能教肠寸结。直须看尽洛城花，始共春风容易别。"

［二八］冯梦华《宋六十一家词选·序例》谓："淮海、小山，古之伤心人也，其淡语皆有味，浅语皆有致。"余谓此唯淮海足以当之。小山矜贵有余，但可方驾子野、方回，末足抗衡淮海也。

［二九］少游词境最凄婉，至"可堪孤馆闭春寒，杜鹃声里斜阳暮"，则变而凄厉矣。东坡赏其后二语①，犹为皮相。

注释：
①秦观【踏莎行】见三注。东坡绝爱其尾两句，自

书于扇曰："少游已矣，虽万人何赎。"

［三十］"风雨如晦，鸡鸣不已①"，"山峻高以蔽日兮，下幽晦以多雨。霰雪纷其无垠兮，云霏霏而承宇②"，"树树皆秋色，山山尽落晖③"，"可堪孤馆闭春寒，杜鹃声里斜阳暮④"，气象皆相似。

注释：

①《诗·郑风·风雨》："风雨凄凄，鸡鸣喈喈。既见君子，云胡不夷。风雨潇潇，鸡鸣胶胶。既见君子，云胡不瘳。风雨如晦，鸡鸣不已。既见君子，云胡不喜。"

②《楚辞．九章．涉江》（辞长不录）。

③王绩【野望】："东皋薄暮望，徒倚欲何依。树树皆秋色，山山唯落晖。牧人驱犊返，猎马带禽归。相顾无相识，长歌怀采薇。"

④秦观【踏莎行】见三注。

［三一］昭明太子称陶渊明诗"跌宕昭彰，独超众类，抑扬爽朗，莫之与京①"。王无功称薛收赋

"韵趣高奇，词义旷远，嵯峨萧瑟，真不可言②"。词中惜少此二种气象，前者唯东坡，后者唯白石，略得一二耳。

注释：

①见萧统《陶渊明集》序。

②见《王无功集》卷下【答冯子华处士书】。所称薛收赋，谓系【白牛溪赋】。

[三二] 词之《雅》、《郑》，在神不在貌。永叔、少游虽作艳语，终有品格。方之美成，便有淑女与倡伎之别。

[三三] 美成深远之致不及欧、秦，唯言情体物，穷极工巧，故不失为一流之作者。但恨创调之才多，创意之才少耳。

[三四] 词忌用替代字。美成《解语花》之"桂华流瓦①"，境界极妙，惜以"桂华"二字代"月"耳。梦窗以下，则用代字更多。其所以然者，非意不足，则语不妙也。盖意足则不暇代，语妙则不必

代。此少游之"小楼连苑，绣毂雕鞍"②所以为东坡所讥也③。

注释：

①周邦彦【解语花】（元宵）："风销焰蜡，露浥烘炉，花市光相射。桂华流瓦。纤云散，耿耿素娥欲下。衣裳淡雅。看楚女、纤腰一把。箫鼓喧、人影参差，满路飘香麝。因念都城放夜。望千门如昼，嬉笑游冶。钿车罗帕。相逢处、自有暗尘随马。年光是也。唯只见、旧情衰谢。清漏移、飞盖归来，从舞休歌罢。"

②秦观【水龙吟】："小楼连苑横空，下窥绣毂雕鞍骤。朱帘半卷，单衣初试，清明时候。破暖轻风，弄晴微雨，欲无还有。卖花声过尽，斜阳院落，红成阵、飞鸳甃。玉佩丁东别后。怅佳期、参差难又。名韁利锁，天还知道，和天也瘦。花下重门，柳边深巷，不堪回首。念多情，但有当时皓月，向人依旧。"

③《历代诗余》卷五引曾慥《高齐词话》："少游自会稽入都见东坡。东坡问作何词，少游举'小楼连苑横空，下窥绣毂雕鞍骤。'东坡曰：'十三字

只说得一个人骑马楼前过。'"

［三五］沈伯时《乐府指迷》云："说桃不可直说破，'桃'，须用'红雨'、'刘郎'等字；说柳不可直说破'柳'，须用'章台'、'霸岸'等字。"若惟恐人不用代字者。果以是为工，则古今类书具在，又安用词为耶？宜其为《提要》所讥也①。

注释：

①《四库提要》集部词曲类二沈氏《乐府指迷》条："又谓说桃须用'红雨'、'刘郎'等字，说柳须用'章台'、'灞岸'等字，说书须用'银钩'等字，说泪须用'玉箸'等字，说发须用'绛云'等字，说簟须用'湘竹'等字，不可直说破。其意欲避鄙俗，而不知转成涂饰，亦非确论。"

［三六］美成《青玉案》词："叶上初阳乾宿雨，水面轻圆，一一风荷举。①"此真能得荷之神理者。觉白石《念奴娇》②、《惜红衣》③二词犹有隔雾看花之恨。

注释：

①周邦彦【苏幕遮】："燎沈香，消溽暑，鸟雀呼晴，侵晓窥檐语。叶上初阳干宿雨。水面清圆，一一风荷举。故乡遥，何日去？家住吴门，久作长安。五月渔郎相忆否？小楫轻舟，梦入芙蓉浦。"

②姜夔【念奴娇】："闹红一舸，记来时，尝与鸳鸯为侣。三十六陂人未到，水佩风裳无数。翠叶吹凉，玉容销酒，更洒菰蒲雨。嫣然摇动，冷香飞上诗句。日暮。青盖亭亭，情人不见，争忍凌波去。只恐舞衣寒易落，愁入西风南浦。高柳垂阴，老鱼吹浪，留我花间住。田田多少？几回沙际归路。"

③姜夔【惜红衣】："簟枕邀凉，琴书换日，睡余无力。细洒冰泉，并刀破甘碧。墙头唤酒，谁问讯城南诗客？岑寂。高柳晚蝉，说西风消息。虹梁水陌，鱼浪吹香，红衣半狼籍。维舟试望故国。眇天北。可惜渚边沙外，不共美人游历。问甚时同赋，三十六陂秋色？"

［三七］东坡《水龙吟·咏杨花》①，和韵而似原唱；章质夫词②，原唱而似和韵。才之不可强也如

是！

注释：

①苏轼【水龙吟】（次韵章质夫杨花词）："似花还似非花，也无人惜从教坠。抛家傍路，思量却是，无情有思。萦损柔肠，困酣娇眼，欲开还闭。梦随风万里，寻郎去处，又还被、莺呼起。不恨此花飞尽，恨西园、落红难缀。晓来雨过，遗踪何在，一池萍碎。春色三分，二分尘土，一分流水。细看来不是杨花，点点是离人泪。"

②章质夫【水龙吟】（杨花）："燕忙莺懒芳残，正堤上、杨花飘坠。轻飞乱舞，点画青林，全无才思。闲趁游丝，静临深院，日长门闭。傍珠帘散漫，垂垂欲下，依前被、风扶起。兰帐玉人睡觉，怪春衣、雪沾琼缀。绣床渐满，香球无数，才圆欲碎。时见蜂儿，仰粘轻粉，鱼吞池水。望章台路杳，金鞍游荡，有盈盈泪。"

［三八］咏物之词，自以东坡《水龙吟》为最工。邦卿《双双燕》①次之。白石《暗香》②、《疏影》③格调虽高，然无一语道着，视古人"江边一

树垂垂发④”等句何如耶？

注释：

①史达祖【双双燕】（咏燕）：“过春社了，度帘幕中间，去年尘冷。差池欲往，试入旧巢相并。还相雕梁藻井，又软语商量不定。飘然快拂花梢，翠尾分开红影。芳径，芹泥雨润。爱贴地争飞，竞夸轻俊。红楼归晚，看足柳暗花暝。应自栖香正稳，便忘了、天涯芳信。愁损翠黛双娥，日日画栏独凭。”

②姜夔【暗香】：（辛亥之冬，予载雪诣石湖。止既月，授简索句，且征新声，作此两曲。石湖把玩不已，使工妓肆习之，音节谐婉，乃名之曰暗香、疏影。）“旧时月色，算几番照我，梅边吹笛？唤起玉人，不管清寒与攀摘。何逊而今渐老，都忘却春风词笔。但怪得竹外疏花，香冷入瑶席。江国，正寂寂，叹寄与路遥，夜雪初积。翠尊易泣，红萼无言耿相忆。长记曾携手处，千树压西湖寒碧。又片片吹尽也，几时见得？”

③姜夔【疏影】：“苔枝缀玉，有翠禽小小，枝上同宿。客里相逢，篱角黄昏，无言自倚修竹。昭君

不惯胡沙远，但暗忆江南江北。想佩环月夜归来，化作此花幽独。犹记深宫旧事，那人正睡里，飞近蛾绿。莫似春风，不管盈盈，早与安排金屋。还教一片随波去，又却怨玉龙哀曲。等恁时、重觅幽香，已入小窗横幅。"

④杜甫【和裴迪登蜀州东亭送客逢早梅相忆见寄】："东阁官梅动诗兴，还如何逊在扬州。此时对雪遥相忆，送客逢春可自由。幸不折来伤春暮，若为看去乱乡愁。江边一树垂垂发，朝夕催人自白头。"

［三九］白石写景之作，如"二十四桥仍在，波心荡、冷月无声①"，"数峰清苦，商略黄昏雨②"，"高树晚蝉，说西风消息③"，虽格韵高绝，然如雾里看花，终隔一层。梅溪、梦窗诸家写景之病，皆在一隔字。北宋风流，渡江遂绝，抑真有运会存乎其间耶？

注释：

①姜夔【扬州慢】："淮左名都，竹西佳处，解鞍少驻初程。过春风十里，尽荠麦青青。自胡马、窥

江去后，废池乔木，犹厌言兵。渐黄昏清角，吹寒都在空城。杜郎俊赏，算而今、重到须惊。纵豆蔻词工，青楼梦好，难赋深情。二十四桥仍在，波心荡、冷月无声。念桥边红药，年年知为谁生？"

②姜夔【点绛唇】："燕雁无心，太湖西畔随云去。数峰清苦。商略黄昏雨。第四桥边，拟共天随往。今何许？凭栏怀古，残柳参差舞。"

③姜夔【惜红衣】见三六注。

［四十］问"隔"与"不隔"之别，曰：陶、谢之诗不隔，延年则稍隔矣；东坡之诗不隔，山谷则稍隔矣。"池塘生春草①"，"空梁落燕泥②"等二句，妙处唯在不隔。词亦如是。即以一人一词论，如欧阳公《少年游·咏春草》上半阕云："阑干十二独凭春，晴碧远连云，二月三月，千里万里，行色苦愁人。"语语都在目前，便是不隔。至云"谢家池上，江淹浦畔③"，则隔矣。白石《翠楼吟》："此地，宜有词仙，拥素云黄鹤，与君游戏。玉梯凝望久，叹芳草萋萋千里。"便是不隔。至"酒祓清愁，花消英气④"，则隔矣。然南宋词虽不隔处，比之前人，自有浅深厚薄之别。

注释：

①谢灵运【登池上楼】："潜虬媚幽姿，飞鸿响远音。薄霄愧云浮，栖川怍渊沈。进德智所拙，退耕力不任。徇禄反穷海，卧疴对空林。衾枕昧节候，褰开暂窥临。倾耳聆波澜，举目眺岖嵚。初景革绪风，新阳改故阴。池塘生春草，园柳变鸣禽。祁祁伤豳歌，萋萋感楚吟。索居易永久，离群难处心，持操岂独占，无闷征在今。"

②薛道衡【昔昔盐】："垂柳覆金堤，蘼芜叶复齐。水溢芙蓉沼，花飞桃李蹊。采桑秦氏女，织锦窦家妻。关山别荡子，风月守空闺。恒敛千金笑，长垂双玉啼。盘龙随镜隐，彩凤逐帷低。飞魂同夜鹊，倦寝忆晨鸡。暗牖悬蛛网，空梁落燕泥。前年过代北，今岁往辽西。一去无消息，那能惜马蹄。"

③欧阳修【少年游】见二三注。

④姜夔【翠楼吟】"月冷龙沙，尘清虎落，今年汉酺初赐。新翻胡部曲，听毡幕、元戎歌吹。层楼高峙。看槛曲萦红，檐牙飞翠。人姝丽。粉香吹下，夜寒风细。此地。宜有词仙，拥素云黄鹤，与君游

戏。玉梯凝望久，叹芳草、萋萋千里。天涯情味。
仗酒祓清愁，花销英气。西山外。晚来还卷，一帘
秋霁。"

[四一] "生年不满百，常怀千岁忧。昼短苦夜
长，何不秉烛游。①" "服食求神仙，多为药所
误。不如饮美酒，被服纨与素。②" 写情如此，方
为不隔。"采菊东篱下，悠然见南山。山气日夕
佳，飞鸟相与还。③" "天似穹庐，笼盖四野。天
苍苍，野茫茫，风吹草低见牛羊。④" 写景如此，
方为不隔。

注释：

① 《古诗十九首》第十五："生年不满百，常怀千
岁忧。昼短苦夜长，何不秉烛游，为乐当及时，何
能待来兹。愚者爱惜费，但为后世嗤。仙人王子
乔，难可与等期。"

② 《古诗十九首》第十三："驱车上东门，遥望郭
北墓。白杨何萧萧，松柏夹广路。下有陈死人，杳
杳即长暮。潜寐黄泉下，千载永不寤。浩浩阴阳
移，年命如朝露。人生忽如寄，寿无金石固。万岁

更相送，圣贤莫能度。服食求神仙，多为药所误。
不如饮美酒，被服纨与素。"
③陶潜【饮酒诗】见三注。
④斛律金【敕勒歌】："敕勒川，阴川下。天似穹
庐，笼盖四野。天苍苍，野茫茫，风吹草低见牛
羊。"

[四二] 古今词人格调之高，无如白石。惜不于意
境上用力，故觉无言外之味，弦外之响，终不能与
于第一流之作者也。

[四三] 南宋词人，白石有格而无情，剑南有气而
乏韵，其堪与北宋人颉颃者，唯一幼安耳。近人祖
南宋而祧北宋，以南宋之词可学，北宋不可学也。
学南宋者，不祖白石，则祖梦窗，以白石、梦窗可
学，幼安不可学也。学幼安者，率祖其粗犷滑稽，
以其粗犷滑稽处可学，佳处不可学也。幼安之佳
处，在有性情，有境界。即以气象论，亦有"傍素
波干青云①"之概。宁后世龌龊小生所可拟耶？

注释：

①萧统《陶渊明集》序：其文章"横素波而傍流，干青云而直上。"

［四四］东坡之词旷，稼轩之词豪。无二人之胸襟而学其词，犹东施之效捧心也。

［四五］读东坡、稼轩词，须观其雅量高致，有伯夷、柳下惠之风。白石虽似蝉蜕尘埃，然终不免局促辕下。

［四六］苏、辛词中之狂，白石犹不失为狷，若梦窗、梅溪、玉田、草窗、中麓辈，面目不同，同归于乡愿而已。

［四七］稼轩中秋饮酒达旦，用《天问》体作《木兰花慢》以送月曰："可怜今夕月，向何处，去悠悠？是别有人间，那边才见，光景东头。①"词人想象，直悟月轮绕地之理，与科学家密合，可谓神悟。

注释：

①辛弃疾【木兰花慢】（中秋饮酒将旦，客谓：前人诗词，有赋待月，无送月者。因用【天问】体赋。）："可怜今夕月，向何处、去悠悠？是别有人间，那边才见，光景东头。是天外空汗漫，但长风、浩浩送中秋。飞镜无根谁系？姮娥不嫁谁留？谓经海底问无由。恍惚使人愁。怕万里长鲸，纵横触破，玉殿琼楼。虾蟆故堪浴水，问云何、玉兔解沈浮？若道都齐无恙，云何渐渐如钩？"

[四八] 周介存谓"梅溪词中喜用'偷'字，足以定其品格。①"刘融斋谓"周旨荡而史意贪。②"此二语令人解颐。

注释：
①见周济《介存斋论词杂著》。
②刘熙载《艺概》卷四《词曲概》："周美成律最精审。史邦卿句最警炼。然未得为君子之词者，周旨荡而史意贪也。"

[四九] 介存谓"梦窗词之佳者，如水光云影，摇荡绿波，抚玩无极，追寻已远。"余览《梦窗甲乙

丙丁稿》中，实无足当此者。有之，其"隔江人在雨声中，晚风菰叶生秋怨①"二语乎。

注释：

①吴文英【踏莎行】："润玉笼绡，檀樱倚扇。绣圈犹带脂香浅。榴心空叠舞裙红，艾枝应压愁鬟乱。午梦千山，窗阴一箭。香瘢新褪红丝腕。隔江人在雨声中，晚风菰叶生愁怨。"

［五十］梦窗之词，余得取其词中之一语以评之曰："映梦窗，凌乱碧。①"玉田之词，余得取其词中之一语以评之曰："玉老田荒。②"

注释：

①吴文英【秋思】（荷塘为括苍名姝求赋其听雨小阁。）："堆枕香鬟侧。骤夜声，偏称画屏秋色。风碎串珠，润侵歌板，愁压眉窄。动罗簹清商，寸心低诉叙怨抑。映梦窗零乱碧。待涨绿春深，落花香泛，料有断红流处，暗题相忆。欢酌。檐花细滴。送故人，粉黛重饰。漏侵琼瑟，丁东敲断，弄晴月白。怕一曲'霓裳'未终，催去骖凤翼。欢谢

客犹未识。漫瘦却东阳，镫前无梦到得。路隔重云雁北。"

②张炎【祝英台近】（与周草窗话旧）："水痕深，花信足。寂寞汉南树。转首青阴，芳事顿如许。不知多少消魂，夜来风雨。犹梦到、断红流处。最无据。长年息影空山。愁入庾郎句。玉老田荒，心事已迟暮。几回听得啼鹃，不如归去。终不似、旧时鹦鹉。"

［五一］"明月照积雪①"，"大江流日夜②"，"中天悬明月③"，"黄河落日圆④"，此种境界，可谓千古壮观。求之于词，唯纳兰容若塞上之作，如《长相思》之"夜深千帐灯⑤"、《如梦令》之"万帐穹庐人醉，星影摇摇欲坠⑥"差近之。

注释：

①谢灵运【岁暮】："殷忧不能寐，苦此夜难颓。明月照积雪，朔风劲且哀。运往无淹物，年逝觉已催。"

②谢朓【暂使下都夜发新林至京邑赠同僚】："大

江流日夜，客心悲未央。徒念关山近，终知反路长。秋河曙耿耿，寒渚夜苍苍。引顾见京室，宫雉正相望。金波丽鸱鹊，玉绳低建章。驱车鼎门外，思见昭丘阳。驰晖不可接，何况隔两乡？风云有鸟路，江汉限无梁，常恐鹰隼击，时菊委严霜。寄言嬛罗者，寥廓已高翔。"

③杜甫【后出塞】（之二）："朝进东门营，暮上河阳桥。落日照大旗，马鸣风萧萧。平沙列万幕，部伍各见招。中天悬明月，令严夜寂寥。悲笳数声动，壮士惨不骄。借问大将谁？恐是霍嫖姚。"

④王维【使至塞上】："单车欲问边，属国过居延。征蓬出汉塞，归雁入胡天。大漠孤烟直，长河落日圆。萧关逢候骑，都护在燕然。"

⑤纳兰性德【长相思】："山一程，水一程。身向榆关那畔行，夜深千帐灯。风一更，雪一更。聒碎乡心梦不成，故园无此声。"

⑥纳兰性德【如梦令】："万帐穹庐人醉，星影摇摇欲坠。归梦隔狼河，又被河声搅碎。还睡，还睡。解道醒来无味。"

［五二］纳兰容若以自然之眼观物，以自然之舌言

情。此由初入中原，未染汉人风气，故能真切如
此。北宋以来，一人而已。

［五三］陆放翁跋《花间集》，谓："唐季五代，
诗愈卑，而倚声辄简古可爱。能此不能彼，未可以
理推也。①"《提要》驳之，谓："犹能举七十斤
者，举百斤则蹶，举五十斤则运掉自如。"其言甚
辨。然谓词必易于诗，余未敢信。善乎陈卧子之言
曰："宋人不知诗而强作诗，故终宋之世无诗。然
其欢愉愁苦之致，动于中而不能抑者，类发于诗
余，故其所造独工。②"五代词之所以独胜，亦以
此也。

注释：

①《四库提要》集部词曲类一《花间集》："后有
陆游二跋。……其二称：'唐季五代，诗愈卑，而
倚声者辄简古可爱。能此不能彼，未易以理推
也。'不知文之体格有高卑，人之学历有强弱。学
力不足副其体格，则举之不足。学力足以副其体
格，则举之有余。律诗降于古诗，故中晚唐古诗多
不工，而律诗则时有佳作。词又降于律诗，故五季

人诗不及唐，词乃独胜。此犹能举七十斤者，举百斤则蹶，举五十则运用自如，有何不可理推乎？"②陈子龙《王介人诗余序》："宋人不知诗而强作诗。其为诗也，言理而不言情，故终宋之世无诗焉。然宋人亦不可免于有情也。故凡其欢愉愁怨之致，动于中而不能抑者，类发于诗余，故其所造独工，非后世可及。盖以沈至之思而出之必浅近，使读之者骤遇如在耳目之表，久诵而得沈永之趣，则用意难也。以僄利之词，而制之实工链，使篇无累句，句无累字，圆润明密，言如贯珠，则铸词难也。其为体也纤弱，所谓明珠翠羽，尚嫌其重，何况龙鸾？必有鲜妍之姿，而不藉粉泽，则设色难也。其为境也婉媚，虽以警露取妍，实贵含蓄，有余不尽，时在低回唱欢之际，则命篇难也。惟宋人专力事之，篇什既多，触景皆会。天机所启，若出自然。虽高谈大雅，而亦觉其不可废。何则？物有独至，小道可观也。"

［五四］四言敝而有《楚辞》，《楚辞》敝而有五言，五言敝而有七言，古诗敝而有律绝，律绝敝而有词。盖文体通行既久，染指遂多，自成习套。豪

杰之士，亦难于其中自出新意，故遁而作他体，以自解脱，一切文体所以始盛终衰者，皆由于此。故谓文学后不如前，余未敢信。但就一体论，则此说固无以易也。

[五五] 诗之三百篇、十九首，词之五代、北宋，皆无题也。非无题也，诗词中之意，不能以题尽之也。自《花庵》、《草堂》每调立题，并古人无题之词亦为之作题。如观一幅佳山水，而即曰此某山某河，可乎？诗有题而诗亡，词有题而词亡。然中材之士，鲜能知此而自振拔者矣。

[五六] 大家之作，其言情也必沁人心脾，其写景也必豁人耳目，其词脱口而出，无娇揉妆束之态。以其所见者真，所知者深也。诗词皆然。持此以衡古今之作者，可无大误矣。

[五七] 人能于诗词中不为美刺投赠之篇，不使隶事之句，不用粉饰之字，则于此道已过半矣。

[五八] 以《长恨歌》之壮采，而所隶之事，只

"小玉双成"四字，才有余也。梅村歌行，则非隶不办①。白、吴优劣，即于此见。不独作诗为然，填词家亦不可不知也！

注释：
①白居易【长恨歌】有"转教小玉双成"句为隶事。至吴伟业之【圆圆曲】，则入手即用"鼎湖"事，以下隶事句不胜指数。

［五九］近体诗体制，以五七言绝句为最尊，律诗次之，排律最下。盖此体于寄兴言情，两无所当，殆有韵之骈体文耳。词中小令如绝句，长调似律诗，若长调之《百字令》、《沁园春》等，则近于排律矣。

［六十］诗人对宇宙人生，须入乎其内，又须出乎其外。入乎其内，故能写之；出乎其外，故能观之。入乎其内，故有生气；出乎其外，故有高致。美成能入而不能出，白石以降，于此二事皆未梦见。

［六一］诗人必有轻视外物之意，故能以奴仆命风月。又必有重视外物之意，故能与花草共忧乐。

［六二］"昔为倡家女，今为荡子妇。荡子行不归，空床难独守。①""何不策高足，先据要路津？无为久贫贱，车感轲长苦辛。②"可谓淫鄙之尤。然无视为淫词、鄙词者，以其真也。五代、北宋之大词人亦然，非无淫词，读之者但觉其亲切动人；非无鄙词，但觉其精力弥满。可知淫词与鄙词之病，非淫与鄙之病，而游词③之病也。"岂不尔思，室是远而，"而子曰："未之思也，夫何远之有？④"恶其游也。

注释：

①【古诗十九首】第二："青青河畔草，郁郁园中柳。盈盈楼上女，皎皎当窗牖。娥娥红粉妆，纤纤出素手。昔为倡家女，今为荡子妇。荡子行不归，空床难独守。"

②【古诗十九首】第四："今日良宴会，欢乐难具陈。弹筝奋逸响，新声妙入神。令德唱高言，识曲听其真。齐心同所愿，含意俱未申。人生寄一世，

奄忽若飙尘。何不策高足，先据要路津？无为守穷
贱，轗轲长苦辛。"

③金应圭《词选》后序："规模物类，依托歌舞。
哀乐不衷其性，虑欢无与乎情。连章累篇，义不出
乎花鸟。感物指事，理不外乎酬应。虽既雅而不
艳，斯有句而无章。是谓游词。"

④《论语·子罕》："唐棣之华，偏其反而。岂不
尔思，室是远而。子曰：未之思也，夫何远之
有？"

［六三］"枯藤老树昏鸦，小桥流水平沙①，古道
西风瘦马。夕阳西下，断肠人在天涯。"此元人马
东篱《天净沙》小令也。寥寥数语，深得唐人绝句
妙境。有元一代词家，皆不能办此也。

注释：

①按此曲见诸元刊本《乐府新声》卷中、元刊本周
德清《中原音韵定格》、明刊本蒋仲舒《尧山堂外
纪》卷六十八、明刊本张禄《词林摘艳》及《知不
足斋丛书》本盛如梓《庶斋老学丛谈》等书者，
"平沙"均作"人家"，即观堂《宋元戏曲史》所

引亦同。惟《历代诗余》则作"平沙"，又"西风"作"凄风"，盖欲避去复字耳。观堂此处所引，殆即本《诗余》也。

［六四］白仁甫《秋夜梧桐雨》剧，沉雄悲壮，为元曲冠冕。然所作《天籁词》，粗浅之甚，不足为稼轩奴隶。岂创者易工而因者难巧欤？抑人各有能有不能也？读者观欧、秦之诗远不如词，足透此中消息。

第二部分

［一］白实之词，余所最爱者，亦仅二语，曰：
"淮南皓月冷千山，冥冥归去无人管。①"

注释：①姜夔《踏莎行》（自沔东来，丁未元日至
金陵，江上感梦而作。）："燕燕轻盈，莺莺娇
软，分明又向华胥见。夜长争得薄情知，春初早被
相思染。别后书辞，别时针线，离魂暗逐郎行远。
淮南皓月冷千山，冥冥归去无人管。"

［二］双声、叠韵之论，盛于六朝，唐人犹多用
之。至宋以后，则渐不讲，并不知二者为何物。乾
嘉间，吾乡周公霭先生著《杜诗双声叠韵谱括
略》，正千余年之误，可谓有功文苑者矣。其言
曰："两字同母谓之双声，两字同韵谓之叠韵。"
余按用今日各国文法通用之语表之，则两字同一子
音者谓之双声。如《南史·羊元保传》之"官家恨
狭，更广八分"，"官家更广"四字，皆从 k 得
声。《洛阳伽蓝记》之"狞奴慢骂"，"狞奴"两

字，皆从 n 得声。"慢骂"两字，皆从 m 得声也。两字同一母音者，谓之叠韵。如梁武帝"后牖有朽柳"，"后牖有"三字，双声而兼叠韵。"有朽柳"三字，其母音皆为 u。刘孝绰之"梁王长康强"，"梁长强"三字，其母音皆为瀍也①。自李淑《诗苑》伪造沈约之说，以双声叠韵为诗中八病之二，后是诗家多废而不讲，亦不复用之于词。余谓苟于词之荡漾处多用叠韵，促结处用双声，则其铿锵可诵，必有过于前人者。惜世之专讲音律者，尚未悟此也。

注释：①葛立方《韵语阳秋·卷四》引陆龟蒙诗序："叠韵起自如梁武帝，云'后牖有朽柳'，当时侍从之臣皆倡和。刘孝绰云'梁王长康强'，沈少文云'偏眠船弦边'，庾肩吾云'载碰每碍埭'，自后用此体作为小诗者多矣。"

［三］世人但知双声之不拘四声，不知叠韵亦不拘平、上、去三声。凡字之同母者，虽平仄有殊，皆叠韵也。

［四］诗之唐中叶以后，殆为羔雁之具矣。故五代北宋之诗，佳者绝少，而词则为其极盛时代。即诗词兼擅如永叔少游者，词胜于诗远甚。以其写之于诗者，不若写之于词者之真也。至南宋以后，词亦为羔雁之具，而词亦替矣。此亦文学升降之一关键也。

［五］曾纯甫中秋应制，作《壶中天慢》词①，自注云："是夜，西兴亦闻天乐。"谓宫中乐声，闻于隔岸也。毛子晋谓："天神亦不以人废言。②"近冯梦华复辨其诬③。不解"天乐"两字文义，殊笑人也。

注释：①曾觌《壶中天慢》（此进御月词也。上皇大喜曰："从来月词，不曾用'金瓯'事，可谓新奇。"赐金束带、紫番罗、水晶碗。上亦赐宝盏。至一更五点回宫。是夜，西兴亦闻天乐焉。）："素飙漾碧，看天衢稳送，一轮明月。翠水瀛壶人不到，比似世间秋别。玉手瑶笙，一时同色，小按霓裳叠。天津桥上，有人偷记新阕。当日谁幻银桥，阿瞒儿戏，一笑成痴绝。肯信群仙高宴处，移下水晶宫阙。云海尘清，山河影满，桂冷吹香雪。何劳玉斧，金瓯千古无缺。

②《宋六十名家词》毛晋跋《海野词》："进月词，一夕西兴，共闻天乐，岂天神亦不以人废言耶？"

③冯煦《宋六十一家词选》例言："曾纯甫赋进御月词，其自记云：'是夜，西兴亦闻天乐。'子晋遂谓天神亦不以人废言。不知宋人每好自神其说。白石道人尚欲以巢湖风驶归功于平调《满江红》，于海野何讥焉？"

[六] 北宋名家以方回为最次。其词如历下、新城之诗，非不华瞻，惜少真味。

[七] 散文易学而难工，韵文难学而易工。近体诗易学而难工，古体诗难学而易工。小令易学而难工，长调难学而易工。

[八] 古诗云："谁能思不歌？谁能饥不食？①"诗词者，物之不得其平而鸣者也。故欢愉之辞难工，愁苦之言易巧。

注释：①晋宋齐辞《子夜歌》："谁能思不歌？谁能饥不食？日冥当户倚，惆怅底不忆？"

[九] 社会上之习惯，杀许多之善人。文学上之习惯，杀许多之天才。

[十] 昔人论诗词，有景语、情语之别。不知一切景语，皆情语也。

[十一] 词家多以景寓情。其专作情语而绝妙者，如牛峤之"甘作一生拼，尽君今日欢。①"，顾□瞤之"换我心为你心，始知相忆深。②"欧阳修之"衣带渐宽终不悔，为伊消得人憔悴。③"美成之"许多烦恼，只为当时，一饷留情。④"此等词求之古今人词中，曾不多见。

注释：①牛峤《菩萨蛮》："玉炉冰簟鸳鸯锦，粉融香汗流山枕。帘外辘轳声，敛眉含笑惊。柳阴烟漠漠，低鬓蝉钗落。须作一生拼，尽君今日欢。"②顾瞤《诉衷情》："永夜抛人何处去？绝来音。

香阁掩，眉敛，月将沉。争忍不相寻？怨孤衾。换我心，为你心，始知相忆深。"

③柳永《凤栖梧》："伫倚危楼风细细，望极春愁，黯黯生天际。草色烟光残照里，无言谁会凭阑意？拟把疏狂图一醉，对酒当歌，强乐还无味。衣带渐宽终不悔，为伊消得人憔悴。"此词又误入《欧阳文忠公近体诗乐府》及《醉翁琴趣外编》。

④周邦彦《庆宫春》："云接平冈，山围寒野，路回渐展孤城。衰柳啼鸦，惊风驱雁，动人一片秋声。倦途休驾，淡烟里，微茫见星。尘埃憔悴，生怕黄昏，离思牵萦。华堂旧日逢迎。花艳参差，香雾飘零。弦管当头，偏怜娇凤，夜深簧暖笙清。眼波传意，恨密约，匆匆未成。许多烦恼，只为当时，一饷留情。"

[十二] 词之为体，要眇宜修。能言诗之所不能言，而不能尽言诗之所能言。诗之景阔，词之言长。

[十三] 言气质，言神韵，不如言境界。有境界，本也。气质、神韵，末也。有境界而二者随之矣。

［十四］"西风吹渭水，落日满长安。①"，美成以之入词②，白仁甫以之入曲③，此借古人之境界为我之境界者也。然非自有境界，古人亦不为我用。

注释：①贾岛《忆江上吴处士》："闽国扬帆去，蟾蜍亏复圆。秋风吹渭水，落叶满长安。此夜聚会夕，当时雷雨寒。兰桡殊未返，消息海云端。"②周邦彦《齐天乐》（秋思）："绿芜凋尽台城路，殊乡又逢秋晚。暮雨生寒，鸣蛩劝织，深阁时闻裁剪。云窗静掩。叹重拂罗裀，顿疏花簟。尚有練囊，露萤清夜照书卷。荆江留滞最久，故人相望处，离思何限？渭水西风，长安乱叶，空忆诗情宛转。凭高眺远。正玉液新篘，蟹螯初荐。醉倒山翁，但愁斜照敛。"③白朴《双调•德胜乐》（秋）："玉露冷，蛩吟砌。听落叶西风渭水。寒雁儿长空嘹唳。陶元亮醉在东篱。"又《梧桐雨》杂剧第二折《普天乐》："恨无穷，愁无限。争奈仓促之际，避不得蓦岭登山。銮驾迁。成都盼。更哪堪泸水西飞雁，一声声送上雕鞍。伤心故园，西风渭水，落日长安。"

［十五］长调自以周、柳、苏、辛为最工。美成《浪淘沙慢》二词①，精壮顿挫，已开北曲之先声。若屯田之《八声甘州》②，东坡之《水调歌头》③，则伫兴之作，格高千古，不能以常调论也。

注释：①周邦彦《浪淘沙慢》："晓阴重，霜凋岸草，雾隐城堞。南陌脂车待发，东门帐饮乍阕。正拂面、垂扬堪揽结。掩红泪、玉手亲折。念汉浦离鸿去何许，经时信音绝。情切。望中地远天阔。向露冷风清无人处，耿耿寒漏咽。嗟万事难忘，唯是轻别。翠尊未竭，凭断云、留取西楼残月。罗带光销纹衾叠。连环解、旧香顿歇。怨歌永、琼壶敲尽缺。恨春去、不与人期，弄夜色、空馀满地梨花雪。"又一阕："万叶战，秋声露结，雁度沙碛。细草和烟尚绿，遥山向晚更碧。见隐隐、云边新月白。映落照、帘幕千家，听数声、何处倚楼笛？装点尽秋色。脉脉。旅情暗自消释。念珠玉、临水犹悲感，何况天涯客？忆少年歌酒，当时踪迹。岁华易老，衣带宽、懊恼心肠终窄。飞散后、风流人阻。兰桥约、怅恨路隔。马蹄过、犹嘶旧巷陌。叹往事、一一堪伤，旷望极。凝思又把阑干拍。"
②柳永《八声甘州》："对潇潇暮雨洒江天，一番洗清秋。渐霜风凄惨，关河冷落，残照当楼。是处红衰翠减，苒苒物华休。惟有长江水，无语低流。不忍登高临远，望故乡渺邈，归思难收。叹年来踪迹，何事苦淹留。想佳人、妆楼颙望，误几回、天际识归舟。争知我、倚阑干处、正恁凝愁。"
③苏轼《水调歌头》（丙辰中秋，欢饮达旦，大醉，作此篇，兼怀子由。）："明月几时有？把酒问青天。不知天上宫阙，今夕是何年？我欲乘风归去，又恐琼楼玉宇，高处不胜寒。起舞弄清影，何似在人间？转朱阁，低绮户，照无眠。不应有恨，何事长向别时圆？人有悲欢离合，月有阴晴圆缺，此事古难全。但愿人长久，千里共婵娟。"

［十六］稼轩《贺新郎》词"送茂嘉十二弟①"，章法绝妙。且语语有境界，此能品而几於神者。然非有意为之，故后人不能学也。

注释：①辛弃疾《贺新郎》（送茂嘉十二弟）：

"绿树听鹈鴂。更那堪、鹧鸪声住，杜鹃声切！啼到春归无寻处，苦恨芳菲都歇。算未抵人间离别。马上琵琶关塞黑，更长门翠辇辞金阙。看燕燕，送归妾。将军百战身名裂。向河梁、回头万里，故人长绝。易水萧萧西风冷，满座衣冠似雪。正壮士悲歌未彻。啼鸟还知如许恨，料不啼清泪长啼血。谁共我，醉明月？"

[十七] 稼轩《贺新郎》词："柳暗凌波路。送春归猛风暴雨，一番新绿。①"又《定风波》词："从此酒酣明月夜。耳热。②""绿""热"二字，皆作上去用。与韩遇《东浦词》《贺新郎》以"玉""曲"叶"注""女"，《卜算子》以"夜""谢"叶"食""月"，已开北曲四声通押之祖。

注释：①辛弃疾《贺新郎》："柳暗凌波路。送春归猛风暴雨，一番新绿。千里潇湘葡萄涨，人解扁舟欲去。又樯燕留人相语。艇子飞来生尘步，唾花寒唱我新番句。波似箭，催鸣橹。黄陵祠下山无数。听湘娥、泠泠曲罢，为谁情苦？行到东吴春已暮，正江阔潮平稳渡。望金雀觚棱翔舞。前度刘郎今重到，问玄都千树花存否？愁为倩，么弦诉。"

②辛弃疾《定风波》："金印累累佩陆离，河梁更赋断肠诗。莫拥旌旗真个去。何处？玉堂元自要论思。且约风流三学士，同醉。春风看试几枪旗。从此酒酣明月夜。耳热。那边应是说侬时。"

③韩玉《贺新郎》（咏水仙）："绰约人如玉。试新妆娇黄半绿，汉宫匀注。倚傍小栏闲凝伫，翠带风前似舞。记洛浦当年俦侣。罗袜生尘香冉冉，料征鸿微步凌波女。惊梦断，楚江曲。春工若见应为主。忍教都、闲亭笛管，冷风凄雨。待把此花都折取，和泪连香寄与。须信到离情如许。烟水茫茫斜照里，是骚人九辨招魂处。千古恨，与谁语？"

④韩玉《卜算子》："杨柳绿成阴，初过寒食节。门掩金铺独自眠，哪更逢寒夜。强起立东风，惨惨梨花谢。何事王孙不早归？寂寞秋千月。"

［十八］谭复堂《箧中词选》谓："蒋鹿潭《水云楼词》与成容若、项莲生，二百年间，分鼎三足。"然《水云楼词》小令颇有境界，长调惟存气格。《忆云词》精实有馀，超逸不足，皆不足与容

若比。然视皋文、止庵辈，则偁乎远矣。

［十九］词家时代之说，盛于国初。竹垞谓：词至北宋而大，至南宋而深①。后此词人，群奉其说。然其中亦非无具眼者。周保绪曰："南宋下不犯北宋拙率之病，高不到北宋浑涵之诣。"又曰："北宋词多就景叙情，故珠圆玉润，四照玲珑。至稼轩、白石，一变而为即事叙景，故深者反浅，曲者反直。②"潘四农曰："词滥觞于唐，畅于五代，而意格之闳深曲挚，则莫盛于北宋。词之有北宋，犹诗之有盛唐。至南宋则稍衰矣。③"刘融斋曰："北宋词用密亦疏、用隐亦亮、用沈亦快、用细亦阔、用精亦浑。南宋只是掉转过来。④"可知此事自有公论。虽止庵词颇浅薄，潘刘尤甚。然其推尊北宋，则与明季云间诸公，同一卓识也。

注释：①朱彝尊《词综发凡》："世人言词，必称北宋。然词至南宋始极其工，至宋季而始极其变。"
②见周济《介存斋论词杂著》。
③见潘德兴《养一斋集》卷二十二"与叶生名澧

书”。

④见刘熙载《艺概》卷四《词曲概》。

[二十] 唐五代北宋词，可谓生香真色。若云间诸公，则綵花耳。湘真且然，况其次也者乎？

[二一] 《衍波词》之佳者，颇似贺方回。虽不及容若，要在浙中诸子之上。

[二二] 近人词如《复堂词》之深婉，《疆村词》之隐秀，皆在半塘老人上。疆村学梦窗而情味较梦窗反胜。盖有临川庐陵之高华，而济以白石之疏越者。学人之词，斯为极则。然古人自然神妙处，尚未见及。

[二三] 宋直方《蝶恋花》："新样罗衣浑弃却，犹寻旧日春衫著。①"谭复堂《蝶恋花》："连理枝头侬与汝，千花百草从渠许。②"可谓寄兴深微。

注释：①宋徵兴《蝶恋花》："宝枕轻风秋梦薄，

红敛双蛾，颠倒垂金雀。新样罗衣浑弃却，犹寻旧日春衫著。偏是断肠花不落，人苦伤心，镜里颜非昨。曾误当初青女约，至今霜夜思量著。"
②谭献《蝶恋花》："帐里迷离香似雾，不烬炉灰，酒醒闻馀语。连理枝头侬与汝，千花百草从渠许。莲子青青心独苦，一唱将离，日日风兼雨。豆蔻香残杨柳暮，当时人面无寻处。"

[二四] 《半塘丁稿》中和冯正中《鹊踏枝》十阕，乃《鹜翁词》之最精者。"望远愁多休纵目"等阕，郁伊惝恍，令人不能为怀。《定稿》只存六阕，殊为未允也。

注释：①王鹏运《鹊踏枝》（冯正中《鹊踏枝》十四阕，郁伊惝恍，义兼比兴，蒙眥诵焉。春日端居，依次属和。就均成词，无关寄托，而章句尤为凌杂。忆云生云："不为无益之事，何以遣有涯之生？"三复前言，我怀如揭矣。时光绪丙申三月二十八日。录十。）："落蕊残阳红片片，懊恨比邻，尽日流莺转。似雪杨花吹又散，东风无力将春限。慵把香罗裁便面，换到轻衫，欢意垂垂浅。襟上泪痕犹隐见，笛声催按梁州遍。”其一。“斜日危阑凝伫久，问讯花枝，可是年时旧？浓睡朝朝如中酒，谁怜梦里人消瘦。香阁帘栊烟阁柳，片霎氤氲，不信寻常有。休遣歌筵回舞袖，好怀珍重春三后。”其二。“谱到阳关声欲裂，亭短亭长，杨柳那堪折。挑菜湔裙春事歇，带罗羞指同心结。千里孤光同皓月，画角吹残，风外还呜咽。有限坠欢真忍说，伤生第一生离别。”其三。“风荡春云罗衫薄，难得轻阴，芳事休闲却。几日啼鹃花又落，绿笺莫忘深深约。老去吟情浑寂寞，细雨檐花，空忆灯前酌。隔院玉箫声乍作，眼前何物供哀乐？。”其四。“漫说目成心便许，无据杨花，风里频来去。怅望朱楼难寄语，伤春谁念司勋误？枉把游丝牵弱缕，几片闲云，迷却相思路。锦帐珠帘歌舞处，旧欢新恨思量否？”其五。“昼日恹恹惊夜短，片霎欢娱，那惜千金换。燕睨莺颦春不管，敢辞弦索为君断？隐隐轻雷闻隔岸，暮雨朝霞，咫尺迷云汉。独对舞衣思旧伴，龙山极目烟尘满。”其六。“望远愁多休纵目，步绕珍丛，看笋将成竹。晓露暗垂珠簏簌，芳林一带如新浴。檐外春山森碧玉，梦里骖鸾，记过清湘曲。自定新弦移雁足，弦声未抵归心促。"其七。"谁遣春韶随水去？醉倒芳尊，望却朝和暮。换尽大堤芳草路，倡条都是相思树。蜡烛有心灯解语，泪尽唇焦，此恨消沈否？坐对东风怜弱絮，萍飘后日知何处？"其八。"对酒肯教欢意尽？醉醒恹恹，无那忺春困。锦字双行笺别恨，泪珠界破残妆粉。轻燕受风飞远近，消息谁传，盼断乌衣信。曲几无憀闲自隐，镜奁心事孤鸾鬓。"其九。"几见花飞能上树，难系流光，枉费垂杨缕。筝雁斜飞排锦柱，只伊不解将春去。漫诩心情黏地絮，容易飘扬，那不惊风雨。倚遍阑干谁与语？思量有恨无人处。"其十。今《半塘定稿·鹜翁集》中存《鹊踏枝》六阕，计删第三、第六、第七、第九四阕。

［二五］固哉皋文之为词也！飞卿《菩萨蛮》、永叔《蝶恋花》、子瞻《卜算子》，皆兴到之作，有何命意？皆被皋文深文罗织①。阮亭《花草蒙拾》谓："坡公命宫磨蝎，生前为王珪舒亶辈所苦，身后又硬受此差排。②"由今观之，受差排者，独一坡公已耶？

注释：①温庭筠《菩萨蛮》："小山重叠金明灭，鬓云欲度香腮雪。懒起画蛾眉，弄妆梳洗迟。照花前后镜，花面交相映。新帖绣罗襦，双双金鹧鸪。"张惠言《词选》评："此感士不遇也，篇法仿佛《长门赋》。"照花"四句，《离骚》初服之意。"欧阳修《蝶恋花》，即冯延巳《鹊踏枝》："庭院深深深几许？杨柳堆烟，帘幕无重数。玉勒雕鞍游冶处，楼高不见章台路。雨横风狂三月暮，门掩黄昏，无计留春住。泪眼问花花不语，乱红飞过秋千去。"张惠言《词选》评："庭院深深，闺中既以邃远也。楼高不见，哲王又不寤也。章台游冶，小人之径。雨横风狂，政令暴急也。乱红飞去，斥逐者非一人而已，殆为韩范作乎？"苏轼《卜算子》（黄州定慧院寓居作）："缺月挂梧桐，漏断人初静。谁见幽人独往来，缥缈孤鸿影。惊起却回头，有恨无人省。拣尽寒枝不肯栖，寂寞沙洲冷。"张惠言《词选》评："此东坡在黄州作。鲖阳居士云〔《唐宋诸贤绝妙好词选》卷二〕：缺月，刺明微也。漏断，暗时也。幽人，不得志也。独往来，无助也。惊鸿，贤人不安也。回头，爱君不忘也。无人省，君不察也。拣尽寒枝不肯栖，不偷安于高位也。寂寞沙洲冷，非所安也。此词与《考槃》诗极相似。

②王士祯《花草蒙拾》："仆尝戏谓：坡公命宫磨蝎，湖州诗案，生前为王珪舒亶辈所苦，身后又硬受此差排耶？"

［二六］贺黄公谓："姜论史词，不称其"软语商量"，而赏其"柳暗花暝"，固知不免项羽学兵法之恨。①"然"柳暗花暝"自是欧秦辈句法，前后有画工化工之殊。吾从白石，不能附和黄公矣。

注释：①史达祖《双双燕》（咏燕）："过春社了，度帘幕中间，去年尘冷。差池欲往，试入旧巢相并。还相雕梁藻井，又软语商量不定。飘然快拂花梢，翠尾分开红影。芳径，芹泥雨润。爱贴地争飞，竞夸轻俊。红楼归晚，看足柳暗花暝。应自栖香正稳，便忘了、天涯芳信。愁损翠黛双娥，日日画栏独凭。"贺黄公语，见贺裳《皱水轩词筌》。姜论史词，见《中兴以来绝妙词选》卷七所引。

［二七］"池塘春草谢家春，万古千秋五字新。传

语闭门陈正字，可怜无补费精神。"此遗山《论诗绝句》也。梦窗、玉田辈，当不乐闻此语。

［二八］朱子《清邃阁论诗》谓："古人诗中有句，今人诗更无句，只是一直说将去。这般诗一日作百首也得。"余谓北宋之词有句，南宋以后便无句。玉田、草窗之词，所谓"一日作百首也得"者也。

［二九］朱子谓："梅圣俞诗，不是平淡，乃是枯槁。"余谓草窗、玉田之词亦然。①见朱熹《清邃阁论诗》。

［三十］"自怜诗酒瘦，难应接，许多春色。①""能几番游，看花又是明年。②"此等语亦算警句耶？乃值如许笔力！

注释：①史达祖《喜迁莺》："月波疑滴，望玉壶天近，了无尘隔。翠眼圈花，冰丝织练，黄道宝光相值。自怜诗酒瘦，难应接，许多春色。最无赖，是随香趁烛，曾伴狂客。踪迹。谩记忆。老了杜郎，忍听东风笛。柳院灯疏，梅厅雪在，谁与细倾春碧。旧情拘未定，犹自学、当年游历。怕万一，误玉人夜寒帘隙。"

②张炎《高阳台》（西湖春感）："接叶巢莺，平波卷絮，断桥斜日归船。能几番游？看花又是明年。东风且伴蔷薇住，到蔷薇、春已堪怜。更凄然，万绿西泠，一抹荒烟。当年燕子知何处？但苔深韦曲，草暗斜川。见说新愁，如今也到鸥边。无心再续笙歌梦，掩重门、浅醉闲眠。莫开帘，怕见飞花，怕听啼鹃。"

［三一］文文山词，风骨甚高，亦有境界，远在圣与、叔夏、公谨诸公之上。亦如明初诚意伯词，非季迪、孟载诸人所敢望也。

［三二］和凝《长命女》词："天欲晓。宫漏穿花声缭绕，窗里星光少。冷霞寒侵帐额，残月光沈树杪。梦断锦闱空悄悄。强起愁眉小。"此词前半，不减夏英公《喜迁莺》也。

注释：①夏竦《喜迁莺令》："霞散绮，月垂钩。

帘卷未央楼。夜凉银汉截天流，宫阙锁清秋。瑶台树，金茎露。凤髓香盘烟雾。三千珠翠拥宸游，水殿按凉州。"

［三三］宋李希声《诗话》云："唐人作诗，正以风调高古为主。虽意远语疏，皆为佳作。后人有切近的当、气格凡下者，终使人可憎。①"余谓北宋词亦不妨疏远。若梅溪以下，正所谓切近的当、气格凡下者也。

注释：①见魏庆之《诗人玉屑》卷十引。

［三四］自竹垞痛贬《草堂诗馀》而推《绝妙好词》①，后人群附和之。不知《草堂》虽有亵诨之作，然佳词恒得十之六七。《绝妙好词》则除张范辛刘诸家外，十之八九，皆极无聊赖之词。古人云：小好小惭，大好大惭②，洵非虚语。

注释：①朱彝尊《书绝妙好词后》："词人之作，自《草堂诗馀》盛行，屏去《激楚》《阳阿》，而《巴人》之唱齐进矣。周公谨《绝妙好词》选本虽

未尽醇，然中多俊语，方诸《草堂》所录，雅俗殊
分。"
②韩愈《与冯宿论文书》："时时应事作俗下文
字，下笔令人惭。及示人，则以为好。小惭者亦蒙
谓之小好，大惭者则必以为大好矣。"

［三五］梅溪、梦窗、玉田、草窗、西麓诸家，词
虽不同，然同失之肤浅。虽时代使然，亦其才分有
限也。近人弃周鼎而宝康瓠，实难索解。

［三六］余友沈昕伯自巴黎寄余蝶恋花一阕云：
"帘外东风随燕到。春色东来，循我来时道。一霎
围场生绿草，归迟却怨春来早。锦绣一城春水绕。
庭院笙歌，行乐多年少。著意来开孤客抱，不知名
字闲花鸟。"此词当在晏氏父子间，南宋人不能道
也。

［三七］"君王枉把平陈乐，换得雷塘数亩田。
①"政治家之言也。"长陵亦是闲丘陇，异日谁知
与仲多？②"诗人之言也。政治家之眼，域于一人
一事。诗人之眼，则通古今而观之。词人观物，须

用诗人之眼，不可用政治家之眼。故感事、怀古等作，当与寿词同为词家所禁也。

注释：①罗隐《隋帝陵》："入郭登桥出登船，红楼日日柳年年。君王忍把平陈乐，只换雷塘数亩田。"

②唐彦谦《仲山》（高祖兄仲山隐居之所）："千载遗踪寄薜萝，沛中乡里汉山河。长陵亦是闲丘陇，异日谁知与仲多？"

[三八] 宋人小说，多不足信。如《雪舟脞语》谓：台州知府唐仲友眷官妓严蕊奴。朱晦庵系治之。及晦庵移去，提刑岳霖行部至台，蕊乞自便。岳问曰：去将安归？蕊赋《卜算子》词云"住也如何住"云云①。案此词系仲友戚高宣教作，使蕊歌以侑觞者，见朱子"纠唐仲友奏牍"②。则《齐东野语》所纪朱唐公案③，恐亦未可信也。

注释：①陶宗仪《说郛》卷五十七引《雪舟脞语》："唐悦斋仲友字与正，知台州。朱晦庵为浙东提举，数不相得，至于互申。寿皇问宰执二人曲直。对曰：秀才争闲气耳。悦斋眷官妓严蕊奴，晦庵捕送图圄。提刑岳商卿霖行部疏决，蕊奴乞自便。宪使问去将安归？蕊奴赋《卜算子》，末云："住也如何住，去又终须去。若得山花插满头，莫问奴归处。"宪笑而释之。"

②朱熹《朱子大全》卷十"按唐仲友第四状"："五月十六日筵会，仲友亲戚高宣教撰曲一首，名《卜算子》，后一段云'去又如何去，住又如何住。待得山花插满头，休问奴归处。'"

③周密《齐东野语》卷十七"朱唐交奏本末"："朱晦庵按唐仲友事，或言吕伯恭尝与仲友同书会有隙，朱主吕，故抑唐，是不然也。盖唐平时恃才轻晦庵，而陈同父颇为朱所进，与唐每不相下。同父游台，尝狎籍妓，嘱唐为脱籍，许之。偶郡集，唐语妓曰：'汝果欲从陈官人耶？'妓谢。唐云：'汝须能忍饥受冻仍可。'妓闻大恚。自是陈至妓家，无复前之奉承矣。陈知为唐所卖，亟往见朱。朱问：'近日小唐云何？'答曰：'唐谓公尚不识字，如何作监司？'朱衔之，遂以部内有冤案，乞再巡按。既至台，适唐出迎少稽，朱益以陈言为信。立索郡印，付以次官。乃摭唐罪具奏，而唐亦

以奏驰上。时唐乡相王淮当轴。既进呈，上问王。王奏：'此秀才争闲气耳。'遂两平其事。详见周平园《王季海日记》。而朱门诸贤所作《年谱道统录》，乃以季海右唐而并斥之，非公论也。其说闻之陈伯玉式卿，盖亲得之婺之诸吕云。"

［三九］《沧浪》①《凤兮》②二歌，已开楚辞体格。然楚词之最工者，推屈原、宋玉，而后此之王褒、刘向之词不与焉。五古之最工者，实推阮嗣宗、左太冲、郭景纯、陶渊明，而前此曹刘，后此陈子昂、李太白不与焉。词之最工者，实推后主、正中、永叔、少游、美成，而后此南宋诸公不与焉。

注释：①《孟子·离娄上》有《孺子歌》曰："沧浪之水清兮，可以濯我缨。沧浪之水浊兮，可以濯我足。"
②《论语·微子》："楚狂接与歌而过孔子曰'凤兮凤兮，何德之衰？往者不可谏，来者犹可追。已而已而，今之从政者殆矣！'"

［四十］唐五代之词，有句而无篇。南宋名家之词，有篇而无句。有篇有句，唯李后主降宋后诸作，及永叔、子瞻、少游、美成、稼轩数人而已。

［四一］唐五代北宋之词家，倡优也。南宋后之词家，俗子也。二者其失相等。但词人之词，宁失之倡优，不失之俗子。以俗子之可厌，较倡优为甚故也。

［四二］《蝶恋花》"独倚危楼①"一阕，是《六一词》，亦见《乐章集》。余谓：屯田轻薄子，只能道"奶奶兰心蕙性②"耳。

注释：①见本《删稿》十一节。
②柳永《玉女摇仙佩》"飞琼伴侣，偶别珠宫，未返神仙行缀。取次梳妆，寻常言语，有得几多姝丽。拟把名花比。恐旁人笑我，谈何容易。细思算，奇葩艳卉，惟是深红浅白而已。争如这多情，占得人间，千娇百媚。须信画堂绣阁，皓月清风，忍把光阴轻弃。自古及今，佳人才子，少得当年双美。且恁相偎倚。未消得，怜我多才多艺。愿奶奶

兰心蕙性，枕前言下，表余深意。为盟誓。今生断不孤鸳被。"

[四三] 读《会真记》者，恶张生之薄幸倖，而恕其奸非。读《水浒传》者，恕宋江之横暴，而责其深险。此人人之所同也。故艳词可作，唯万不可作傀薄语。龚定庵诗云："偶赋凌云偶倦飞，偶然闲慕遂初衣。偶逢锦瑟佳人问，便说寻春为汝归。①"其人之凉薄无行，跃然纸墨间。余辈读耆卿伯可词，亦有此感。视永叔、希文小词何如耶？

注释：①此为龚自珍《乙亥杂诗》三百十五首之一，见《定庵续集》。

[四四] 词人之忠实，不独对人事宜然。即对一草一木，亦须有忠实之意，否则所谓游词也。

[四五] 读《花间》《尊前》集，令人回想徐陵《玉台新咏》。读《草堂诗馀》，令人回想袁谷《才调集》。读朱竹垞《词综》，张皋文、董子远《词选》，令人回想沈德潜三朝诗别裁集。

［四六］明季国初诸老之论词，大似袁简斋之论诗，其失也，纤小而轻薄。竹垞以降之论词者，大似沈规愚，其失也，枯槁而庸陋。

［四七］东坡之旷在神，白石之旷在貌。白石如王衍口不言阿堵物，而暗中为营三窟之计，此其所以可鄙也。

［四八］"纷吾既有此内美兮，又重之已修能。①"文学之事，于此二者，不能缺一。然词乃抒情之作，故尤重内美。无内美而但有修能，则白石耳。

注释：①此二句出自屈原《离骚》。

［四九］诗人视一切外物，皆游戏之材料也。然其游戏，则以热心为之，故诙谐与严重二性质，亦不可缺一也。